CON CALMA, AQUÍ Y AHORA

Más historias de la naturaleza

ESCRITO POR
LAURA BRAND

ILUSTRADO POR
FREYA HARTAS

TRADUCIDO POR DIEGO DE LOS SANTOS

Flamboyant

¿Qué puedo decir?

¿Qué puedo decir que no haya dicho ya?
Así que lo diré de nuevo.
La hoja tiene una canción dentro.
La piedra es la cara de la paciencia.
Dentro del río hay una historia interminable
de la que tú formas parte
y que no acabará hasta el fin de los tiempos.

Lleva tu atareado corazón al museo de arte
y a la cámara de comercio,
pero llévalo también al bosque.
La canción que oíste cantando en la hoja
cuando eras pequeña
sigue cantando.
De años vividos, hasta ahora, tengo setenta y cuatro,
y la hoja sigue cantando.

Mary Oliver

ÍNDICE

CON CALMA... AQUÍ Y AHORA

2 · UN RATÓN ESPIGUERO CONSTRUYE UN NIDO
4 · UNA LUCIÉRNAGA BRILLA EN LA OSCURIDAD
6 · UN CARACOL SE ESCONDE DENTRO DE SU CONCHA
8 · UN PATO RECUBRE SUS PLUMAS CON ACEITE
10 · ALGUNAS FLORES... ¡SE ABREN DE NOCHE!
12 · ¡UNA FAMILIA DE CANGREJOS ERMITAÑOS SE MUDA!
14 · LAS SEMILLAS DE DIENTE DE LEÓN SALEN VOLANDO
16 · UNA ABEJA ENFRÍA LA MIEL
18 · UN COLIBRÍ BEBE DE UNA FLOR
20 · UNA ORUGA CREA UNA TIENDA DE CAMPAÑA DE HOJAS
22 · UN JILGUERO EXTRAE PEQUEÑAS SEMILLAS DE LAS CARDENCHAS
24 · DOS PEQUEÑOS COPOS DE NIEVE SE CONVIERTEN EN UNO SOLO
26 · UNA ESTRELLA DE TIERRA FLORECE
28 · UN SALTAMONTES... ¡SALTA!
30 · EL LIQUEN SE TRANSFORMA CON EL AGUA
32 · ¡UNA COCHINILLA SE ENROLLA!
34 · UNA RANA ATRAPA A UNA MOSCA
36 · UNA MARIQUITA SALE DE SU PUPA
38 · UNA HORMIGA PODADORA CORTA Y LLEVA UNA PESADA CARGA
40 · UN ESCARABAJO POLINIZA UNA FLOR DE MAGNOLIA
42 · DESCUBRE LA ATENCIÓN PLENA
44 · ÍNDICE TERMINOLÓGICO
46 · BIOGRAFÍAS

AQUÍ Y AHORA

Cuando te preocupa el futuro y te inquieta el pasado, puede resultar difícil permanecer en «el presente», el momento en el que estás ahora mismo. A veces, cuando notas un retortijón en la barriga, o se te embota la cabeza, es casi imposible sentir alegría, hallar la paz o seguir la llamada de la curiosidad. Pero hay maneras de cuidarse, de ayudar a tu cuerpo y a tu mente a encontrar la calma, y sumergirse en la naturaleza solo es una de ellas.

Este libro es una invitación a viajar a la naturaleza, a disfrutar de algunos de los extraordinarios sucesos que se producen cada día y a acercarse a las numerosas criaturas fascinantes que viven en ella. Sigue a las atareadas hormigas mientras suben y bajan por un árbol; observa cómo un hongo, la estrella de tierra, explota bajo la lluvia, y déjate cautivar por el colibrí mientras toma unos sorbos de dulce néctar.

Estos pequeños momentos se producen cada minuto de cada día y, a veces, lo único que necesitas para verlos es tomarte la vida con calma... y centrarte en el aquí y el ahora.

UN RATÓN ESPIGUERO CONSTRUYE UN NIDO

Uno de los roedores más pequeños del mundo, el ratón espiguero, se pasa el año ocupado, tejiendo nidos hábilmente.

En su nido esférico duerme durante el día, mantiene calientes a sus crías y les proporciona un lugar seguro.

Este simpático ratón de pelaje dorado es un trepador increíblemente ágil y, con ayuda de una cola «prensil», puede escalar plantas con facilidad.

Quizá te sonría la suerte y veas uno agarrado a un tallo de trigo seco, buscando el lugar perfecto donde construir un nido. Trabaja en diversos hábitats, como en lo alto de las hierbas más altas que hay junto al agua en los meses cálidos, y más abajo en invierno, para estar más cerca de la comida, el agua y el refugio. Veamos cómo este ratón espiguero corta la hierba con los dientes antes de usarla para tejer su hogar temporal…

A TRAVÉS DE LA MARAÑA SECA DEL CAMPO AMARILLENTO, VEMOS AL RATÓN ESPIGUERO, ATAREADO EN UN CÁLIDO DÍA DE VERANO.

CORRIENDO DE UN LADO A OTRO, USA LAS PATAS PARA AGARRAR LAS BRIZNAS DE HIERBA MÁS BAJAS, Y LOS DIENTES PARA TIRAR Y ARRANCAR JIRONES. LUEGO PASA A LOS TALLOS MÁS LARGOS…

EL RATÓN PUEDE ENROSCAR EL TERCIO SUPERIOR DE SU COLA PARA USARLA CASI COMO SI FUERA UNA MANO MÁS, PERFECTA PARA «AGARRARSE» A LOS TALLOS ALTOS.

CUANDO SUBE POR LA BRIZNA DE HIERBA Y ESTA SE DOBLA LIGERAMENTE, EL RATÓN LA ENVUELVE CON SU COLA ESPECIAL PARA TENER MÁS APOYO, Y ASÍ ROMPE Y PELA LA VAINA DE LA HOJA.

EL RATÓN ESPIGUERO HA RECOGIDO ALGUNOS MATERIALES PARA LLEVARLOS AL LUGAR QUE HA ELEGIDO PARA CONSTRUIR SU NIDO. LO SEGUIMOS MIENTRAS CORRETEA POR LA HIERBA.

SE DETIENE EN UN LUGAR TRANQUILO, CERCA DE UNAS ZARZAS. AQUÍ VEMOS EL COMIENZO DE SU NIDO.

EL RATÓN ESPIGUERO SUELTA LOS MATERIALES Y COMIENZA A ENTRELAZAR LAS PARTES BLANDAS DE LAS HOJAS Y LAS MÁS LARGAS Y RESISTENTES.

LAS HIERBAS QUE EL RATÓN ESPIGUERO USA PARA TEJER SU NIDO ESTÁN UNIDAS A LAS PLANTAS CERCANAS. ESTO SIGNIFICA QUE LA ESTRUCTURA ES SEGURA Y ESTÁ A SALVO DE LAS INCLEMENCIAS DEL TIEMPO.

CUANDO HA CREADO UNA BOLA DE HIERBAS HUECA Y ESPONJOSA, SE ACURRUCA DENTRO.

DESDE DENTRO, TIRA DE LAS HIERBAS Y HACE QUE ESTÉN MÁS UNIDAS PARA QUE SU NIDO SEA FIRME Y ESTÉ LISTO PARA SUS CRÍAS.

UNA LUCIÉRNAGA BRILLA EN LA OSCURIDAD

Unos destellos luminosos adornan el cielo oscuro por la noche... ¡Es un grupo de luciérnagas en acción!

Esta especie única de escarabajo produce una secuencia rítmica de luz que no solo la protege de los depredadores, sino que también la ayuda a atraer a su pareja.

La luciérnaga es capaz de iniciar y finalizar una reacción química dentro de su cuerpo que enciende un órgano luminoso en su abdomen. Este proceso se llama «bioluminiscencia». Pero, a diferencia de una bombilla, que emite calor además de luz, la luciérnaga se puede iluminar sin quemarse. Toda la energía que se crea en el cuerpo de una luciérnaga se emite en forma de luz, y esto significa que se mantiene fresca y fuera de peligro. Veamos cómo brillan las luciérnagas al atardecer...

ES UN ATARDECER CÁLIDO, Y EN ESTE TRANQUILO CLARO DEL BOSQUE SOLO SE OYE EL CANTO DE LOS GRILLOS. ENTRE TANTA CALMA DIVISAMOS UN PEQUEÑO DESTELLO DE LUZ POR ENCIMA DE LA HIERBA ALTA. ¡PING!

VUELVE A BRILLAR.
¡ES UNA LUCIÉRNAGA!

¡PING!
¡PING!

LA LUCIÉRNAGA MACHO DA SALTITOS POR EL AIRE.
SU BRILLO LUMINOSO ESTÁ SINCRONIZADO CON SUS MOVIMIENTOS.

DURANTE ESTA HIPNOTIZANTE ACTUACIÓN, LES HACE SEÑALES A LAS HEMBRAS,
QUE LO OBSERVAN DESDE LA HIERBA, MÁS ABAJO. ¡ESPERA UNA RESPUESTA!

LAS LUCIÉRNAGAS HEMBRA ELIGEN A SU PAREJA BASÁNDOSE EN PATRONES DE DESTELLOS ESPECÍFICOS.

¡Y CONSIGUE PAREJA!   AHORA DOS LUCES DAN SALTITOS JUNTAS. LA LUCIÉRNAGA Y SU PAREJA SE COMUNICAN A TRAVÉS DEL CLARO.

ENSEGUIDA SE LES UNEN MÁS LUCIÉRNAGAS, HASTA QUE EL CLARO SE LLENA DE LUCES PARPADEANTES.

UN RESPLANDOR MÁGICO ILUMINA LOS PINOS DEL BOSQUE, MIENTRAS LA LUCIÉRNAGA Y SUS AMIGAS SIGUEN BAILANDO EN LA NOCHE TEMPLADA.

LAS LARVAS DE LUCIÉRNAGA TAMBIÉN SE ILUMINAN A MODO DE ADVERTENCIA A LOS HAMBRIENTOS DEPREDADORES PARA QUE NO SE ACERQUEN A ELLAS.

UN CARACOL SE ESCONDE DENTRO DE SU CONCHA

El caracol de jardín es un tipo de molusco cuyo cuerpo blando está protegido por una dura concha exterior.

Los caracoles nacen con la concha, que al principio es esponjosa y se va haciendo más dura y sostiene casi todos sus órganos internos a medida que crecen. Un caracol de jardín no puede sobrevivir sin su concha, y se retrae dentro cuando se ve amenazado por un depredador.

Durante el tiempo seco o frío, sella la abertura de la concha para mantener un ambiente húmedo y cómodo. Es posible que también veas el rastro que ha dejado un caracol en tu jardín o en un camino, brillando al sol. Aquí puedes ver de cerca cómo un caracol se retira a su escondite...

HACE UN DÍA HÚMEDO DE VERANO, Y LAS ÚLTIMAS GOTAS DE LLUVIA REBOTAN EN LAS HOJAS DE LOS ARBUSTOS Y CAEN SOBRE LA HIERBA.

LENTA Y SUAVEMENTE, EL CARACOL SE ARRASTRA POR EL CAMINO LLENO DE PIEDRECITAS Y DEJA UN RASTRO IRIDISCENTE A SU PASO.

ARRIBA Y ABAJO... POR EL SUELO, EL CARACOL NO SE DETIENE Y BUSCA SU CAMINO CON SUS TENTÁCULOS TÁCTILES.

TODOS LOS CARACOLES TIENEN UNA RÁDULA EN LA LENGUA, UNA FRANJA ELÁSTICA CON MILES DE «DIENTES» DIMINUTOS DISPUESTOS EN FILAS. UN CARACOL DE JARDÍN TIENE UNOS 14 000 «DIENTES», QUE USA COMO UNA LIMA PARA RASPAR Y TRITURAR LA COMIDA.

EL CARACOL VE UNA HOJA JUGOSA. TODO ESTÁ TRANQUILO HASTA QUE...

EL RASTRO QUE DEJA EL CARACOL ACTÚA COMO PEGAMENTO Y LO AYUDA A ADHERIRSE A SU COMIDA, COMO HOJAS Y TALLOS. CUANDO EL CARACOL SE PONE DE NUEVO EN MARCHA, EL RASTRO SE VUELVE SUAVE COMO LA SEDA, Y ESO LE FACILITA EL DESLIZAMIENTO.

¡ZAS! EL CUERVO BATE LAS ALAS Y PILLA AL CARACOL DESPREVENIDO. A LA VELOCIDAD DEL RAYO, EL CARACOL SE METE EN SU CONCHA Y EVITA POR LOS PELOS EL PICO DEL CUERVO.

LOS CARACOLES NO VEN BIEN Y NO OYEN EN ABSOLUTO, PERO SE SIRVEN DE SU POTENTE OLFATO PARA LLEGAR A LA COMIDA.

EL CARACOL ESPERA HASTA QUE TODO ESTÁ EN CALMA... Y SALE LENTAMENTE DE LA CONCHA PARA INSPECCIONAR SU ENTORNO CON LAS ANTENAS.

¡QUÉ JUEGO DEL ESCONDITE TAN ARRIESGADO!

UN PATO RECUBRE SUS PLUMAS CON ACEITE

Un grupo de patos comiendo y acicalándose a la orilla del agua es uno de los placeres cotidianos de la naturaleza.

Tanto las hembras, marrones y moteadas, como los machos, con la cabeza verde, pueden pasarse horas limpiándose y alisándose las plumas. Como los patos se pasan mucho tiempo en el agua, tienen que mantener las plumas impermeables usando un aceite especial llamado aceite de acicalamiento.

Esta sustancia aceitosa procede de una glándula situada sobre las plumas de la cola. La recogen con el pico y recubren cuidadosamente sus plumas. Esto une las bárbulas (como un fleco acabado en punta) de sus plumas exteriores y crea un cierre cálido y seco que los protege del agua y los ayuda a flotar. Veamos el ingenioso impermeable de un pato en acción...

LA ORILLA DEL RÍO ESTÁ LLENA DE VIDA. EL PATO SE MUEVE ENTRE LAS OTRAS AVES, BUSCANDO COMIDA.

UN GRUPO DE PATOS SE DENOMINA «BANDADA».

METE SU LARGO CUELLO EN EL ESTANQUE, BUSCA PEQUEÑOS INSECTOS, CARACOLES DE AGUA DULCE O QUIZÁS UNA SABROSA HIERBA.

LA PATA SE VA A UN LUGAR MÁS TRANQUILO, DONDE SE AGITA Y AHUECA LAS ALAS Y ENSEÑA SU PLUMAJE, SUAVE Y SEDOSO.

SE TOMA SU TIEMPO PARA ACICALARSE. METE EL PICO ENTRE LAS PLUMAS DE LA COLA Y SE ALISA LAS ALAS CON EL SEDOSO ACEITE DE ACICALAMIENTO.

LO REPITE POR TODO SU PLUMAJE

QUE SE VUELVE MÁS SEDOSO A CADA PASADA.

SE RECUBRE DE ACEITE UNA Y OTRA VEZ.

UNA NUBE GRIS CUBRE EL CIELO Y EMPIEZA A LLOVER. LA PATA SE LEVANTA Y SE ACERCA BAMBOLEÁNDOSE AL ESTANQUE.

SE TIRA AL AGUA Y SE ALEJA NADANDO.

¡¡CUAC!! ¡¡CUAAAAC!!

LAS GOTAS LE RESBALAN POR EL PLUMAJE.

ALGUNAS FLORES… ¡SE ABREN DE NOCHE!

Durante el día se puede disfrutar de muchas flores en parques y jardines, pero cuando se pone el sol, las flores nocturnas cobran vida.

Estas flores nocturnas suelen tener un color más claro y desprenden una intensa fragancia, y eso las ayuda a atraer a polinizadores como polillas, escarabajos, murciélagos y aves nocturnas.

Especies como la onagra, el galán de noche y la glicinia se despiertan al anochecer. Sus pétalos llevan todo el día cerrados y comienzan a abrirse al caer la noche. El jazmín es otro tipo de planta que comienza a florecer cuando desaparece la luz del día. Veamos cómo se despierta el jazmín en esta noche de verano…

HACE UNA NOCHE CÁLIDA Y DESPEJADA, Y EN EL CIELO BRILLA UN MANTO DE ESTRELLAS.

UN GATO SE VE ATRAÍDO POR UN AROMA QUE FLOTA EN EL AIRE. SIGUE EL AROMA Y SE ENCUENTRA UNA PLANTA NOCTURNA. ¡EL JAZMÍN!

LAS HOJAS DEL JAZMÍN, CEROSAS Y DE COLOR VERDE BOTELLA, REFLEJAN LA LUZ DE LA LUNA, Y SUS FLORES EMPIEZAN A TITILAR COMO LAS CONSTELACIONES EN EL CIELO.

EL JAZMÍN PERTENECE A LA FAMILIA DE LAS SOLANÁCEAS, AL IGUAL QUE HORTALIZAS COMO LA PATATA, EL TOMATE Y EL PIMIENTO.

UNA TRAS OTRA, LAS FLORES DEL JAZMÍN COMIENZAN A ABRIRSE, MIRANDO HACIA EL CIELO. POP... ¡POP!

APARECEN CIENTOS DE CABEZAS FLORALES MIENTRAS EL JAZMÍN ANUNCIA SU PRESENCIA CON PEQUEÑAS TROMPETAS.

EL JAZMÍN ESTÁ EN PLENA FLORACIÓN Y SU FRAGANCIA ATRAE A LOS POLINIZADORES NOCTURNOS.

EL JAZMÍN TIENE UNO DE LOS AROMAS MÁS FUERTES DEL MUNDO VEGETAL. ¡SU PERFUME PUEDE LLEGAR A UNA DISTANCIA DE ENTRE 90 Y 150 METROS DE SUS FLORES!

A MEDIDA QUE AVANZA LA NOCHE, UNA POLILLA VA Y VIENE Y SORBE EL DULCE NÉCTAR DE LAS FORMAS CELESTES.

LLEGA EL FRESCOR DE LA MAÑANA Y EL JAZMÍN COMIENZA A CERRARSE LENTAMENTE PARA DESPEDIRSE DEL SOL NACIENTE.

¡UNA FAMILIA DE CANGREJOS ERMITAÑOS SE MUDA!

A diferencia de otros cangrejos, los cangrejos ermitaños no tienen un exoesqueleto duro. Deben encontrar una concha abandonada para meterse dentro, un lugar cálido y seguro que se convertirá en su hogar.

Cuando a un cangrejo ermitaño se le queda pequeña la concha, se traslada a otra más grande. Los cangrejos ermitaños viven en grandes grupos, y entre ellos organizan un ingenioso sistema de intercambio de conchas.

Forman una fila de mayor a menor y, cuando el cangrejo más grande se desplaza a una casa que parece del tamaño adecuado, se sale de su vieja concha. El siguiente cangrejo de la fila se dirige a la concha vacía, y así sucesivamente, hasta que el cangrejo más pequeño se instala en la última concha. Como las conchas bien conservadas están muy demandadas, ¡esto a veces puede ser un caos! Veamos a una familia de cangrejos ermitaños mudándose a sus nuevas casas...

EL AGUA BAÑA SUAVEMENTE LA COSTA A LO LARGO DE LA PLAYA SALPICADA DE ROCAS.

UNA FIGURA CON FORMA DE PIEDRECITA NOS LLAMA LA ATENCIÓN AL MOVERSE...

... Y SE PARA...

... Y SE MUEVE DE NUEVO, ENTRE CINTAS DE ALGA.

SI NOS FIJAMOS, VEMOS AL CANGREJO ERMITAÑO DESPLAZÁNDOSE. SE LE HA QUEDADO PEQUEÑA LA CONCHA Y ESTÁ BUSCANDO UNA MÁS GRANDE.

LAS SEMILLAS DE DIENTE DE LEÓN SALEN VOLANDO

El humilde diente de león ha proporcionado alimento, medicinas y juegos infantiles durante millones de años.

Aparecen en el césped, en los prados, entre las grietas del suelo y a los lados de las autopistas más transitadas. Estas plantas con flores echan raíces en los lugares más inesperados. Nacen siendo flores de un color amarillo intenso y con forma de estrella y se cierran al cabo de unos días antes de volver a convertirse en esponjosas cabezuelas blancas.

Aunque los insectos disfrutan del diente de león por sus ricos y nutritivos polen y néctar, no dependen de los animales para crecer, sino que se autopolinizan. Veamos cómo vuelan ¡y se multiplican! estas pequeñas plántulas.

EN EL PRADO VEMOS MULTITUD DE CABEZUELAS BRILLANDO. ¡Y UN RATONCITO!

EL RATÓN CORRETEA ENTRE LAS FLORES Y TREPA POR UN TALLO LARGO Y ALTO.

¡EL DIENTE DE LEÓN PARECE A PUNTO DE EXPLOTAR!

LOS CIENTÍFICOS HAN DESCUBIERTO QUE LAS ESPONJOSAS SEMILLAS DEL DIENTE DE LEÓN, CONOCIDAS COMO «VILANOS», TIENEN EL TAMAÑO, LA FORMA Y EL PESO ADECUADOS PARA QUE EL VIENTO LAS TRANSPORTE LARGAS DISTANCIAS.

GIRANDO SOBRE LA MARCHA.

CUANDO SOPLA LA BRISA, EL RATÓN OLFATEA EL AIRE Y, POR DELANTE DE SU NARICITA, SALE VOLANDO UN VILANO...

MÁS Y MÁS ARRIBA... Y MÁS LEJOS...

EL VIENTO FORMA UNA BOLSA DE BAJA PRESIÓN JUSTO POR ENCIMA DE LA SEMILLA Y LA ABSORBE EN UN VIAJE LIGERO POR EL AIRE.

ARRASTRADA POR LA BRISA, ATERRIZA EN UN CAMPO CERCANO.

ALLÍ DESCANSA DURANTE ALGÚN TIEMPO EN EL SUELO...

... LISTA PARA QUE TODO EL PROCESO COMIENCE DE NUEVO.

LOS DIENTES DE LEÓN SON DE LA MISMA FAMILIA QUE EL GIRASOL. CUANDO HAN CRECIDO DEL TODO, TAMBIÉN TIENEN UNA FLOR DE UN COLOR AMARILLO INTENSO. LA FLOR SE SECA AL CABO DE UNOS DÍAS Y SE TRANSFORMA EN LA CABEZUELA CON PELOS BLANCOS.

UNA ABEJA ENFRÍA LA MIEL

Las abejas son insectos voladores conocidos por sus colmenas de cera y la dulce y dorada miel que producen.

Las abejas obreras visitan las plantas en flor que tienen polen rico en proteínas y néctar azucarado.

Las abejas liban el néctar de las flores a través de una probóscide (lengua a modo de pajita) y lo almacenan en su estómago para la miel, que es una bolsita en su sistema digestivo.

Cuando están llenas, las obreras regresan a la colmena para entregar su carga a las abejas que se han quedado en casa, que mastican el néctar y se lo pasan de una abeja a otra hasta que se convierte en una sustancia líquida que introducen en las celdas del panal. Luego baten las alas miles de veces para enfriar el líquido, hasta que se convierte en miel pegajosa. Veamos de cerca este extraordinario proceso...

ESTA COLMENA ESTÁ EN UN PRADO DE FLORES SILVESTRES. LAS ABEJAS VAN DE UN LADO A OTRO, BUSCANDO EL NÉCTAR DE MARGARITAS, TRÉBOLES Y ACIANOS.

DENTRO DE LA COLMENA HAY UN CAOS DE ABEJAS QUE *ZZZZZZUMBAN* RUIDOSAMENTE Y PASAN LAS UNAS POR ENCIMA DE LAS OTRAS.

ESTE ZUMBIDO ES EL RUIDO DE LAS ABEJAS TRABAJANDO EN PERFECTA ARMONÍA, PASÁNDOSE LA MIEL, COMUNICÁNDOSE ENTRE SÍ Y ESTANDO ACTIVAS DURANTE TODO EL DÍA HASTA EL ATARDECER.

CUANDO LAS ÚLTIMAS BUSCADORAS VUELVEN A LA COLMENA, EN LA ENTRADA VEMOS A UN GRUPO DE ABEJAS BIEN ORGANIZADAS HACIENDO UN TRABAJO MUY IMPORTANTE. ¡ESTÁN ENFRIANDO EL AMBIENTE!

HAY MÁS DE 20 000 ESPECIES DE ABEJAS EN EL MUNDO, PERO SOLO OCHO TIPOS DE ABEJAS MELÍFERAS.

BATIENDO LAS ALAS AL UNÍSONO, LAS ABEJAS GENERAN VENTILACIÓN PARA MANTENER LA COLMENA SANA Y FELIZ.

LA ABEJA BATE LAS ALAS 11 400 VECES POR MINUTO.

LAS ALAS DE LAS ABEJAS, DELICADAS PERO FUERTES, CREAN UN FLUJO DE AIRE QUE ENFRÍA Y ASIENTA EN SUS CELDAS LA ÚLTIMA MIEL RECOLECTADA EN EL DÍA.

MIENTRAS LA JORNADA DE TRABAJO LLEGA A SU FIN PARA ALGUNAS ABEJAS, OTRAS COMIENZAN SU TURNO HASTA QUE POR LA MAÑANA VUELVE A BRILLAR EL SOL.

UN COLIBRÍ BEBE DE UNA FLOR

¡HMMMMM! Este es el sonido que hace el pájaro migratorio más pequeño del mundo mientras se sostiene en el aire, batiendo las alas y buscando néctar.

Este hermoso pájaro diminuto es increíblemente rápido y puede alimentarse de miles de flores exóticas y silvestres cada día. La punta de su larga lengua actúa como un tenedor, ya que la usa para agarrar el néctar antes de retraerla en el pico para disfrutar del líquido azucarado.

Además de los pequeños insectos, el néctar, rico en proteínas, es esencial para la supervivencia del colibrí y le ayuda a recuperar la energía después de tanto trabajo. Veamos cómo el colibrí de garganta roja se cierne sobre esta flor de color intenso...

LAS ENREDADERAS EN FLOR DE LA BIGNONIA ROJA CAEN SOBRE EL JARDÍN. GRANDES FLORES ANARANJADAS CON FORMA DE EMBUDO MIRAN HACIA EL SOL Y LE DAN UNA CÁLIDA BIENVENIDA AL COLIBRÍ.

DESPEGA DE LA RAMA DONDE HA DESCANSADO DURANTE LA NOCHE, IMPULSÁNDOSE HACIA ARRIBA CON UN ALETEO FUERTE. ¡ARRIBA, MÁS Y MÁS ARRIBA!

SE DETIENE EN UNA HERMOSA FLOR. AHORA VEMOS SU CUELLO ROJO RUBÍ, BRILLANDO AL SOL.

SE LANZA Y HUNDE EL LARGO PICO EN LA FLOR CON FORMA DE EMBUDO.

SACA SU ELÁSTICA LENGUA, LA ENROSCA EN EL NÉCTAR PARA ATRAPAR EL LÍQUIDO Y, COMO SI FUERA UNA BOMBA, LA EMPUJA HACIA LA GARGANTA.

¡GLUP!

Y DE NUEVO... ¡A OTRA FLOR!

LOS COLIBRÍES VEN LA LUZ ULTRAVIOLETA, QUE ES INVISIBLE AL OJO HUMANO. ESTO SIGNIFICA QUE LES RESULTAN ESPECIALMENTE ATRACTIVAS LAS FLORES ROSAS, ROJAS Y MORADAS.

SE PASARÁ CASI TODA LA MAÑANA REVOLOTEANDO Y BEBIENDO...

... HASTA QUE ESTÉ LLENO Y VUELVA A DESCANSAR EN SU RAMA.

UNA ORUGA CREA UNA TIENDA DE CAMPAÑA DE HOJAS

¡Ver una oruga negra con pinchos sobre una hoja de ortiga es como encontrar un tesoro!

Las orugas usan las hojas para tejer refugios en forma de tienda de campaña donde protegerse de los depredadores y también como fuente de alimento, para llenarse de nutrientes verdes.

¡ÑAM! ¡ÑAM!

Cuando alcanzan un tamaño adecuado, abandonan sus refugios y comienzan a pupar para transformarse de oruga en mariposa.

La oruga utiliza su cremáster, un «gancho de sujeción» en la base del abdomen, para sujetarse al pecíolo de una hoja. Entonces comienza el proceso. Alrededor de la pupa de la oruga se forma una funda endurecida, llamada crisálida. En ella tiene todo lo que necesita para la metamorfosis, y allí desarrolla unas patas largas y elegantes, alas y antenas. Veamos cómo la oruga construye su tienda protectora antes de su transformación...

LA ORUGA NOS SORPRENDE CON SUS PINCHOS, QUE PARECEN AFILADOS, MIENTRAS SE DESPLAZA POR UNA ORTIGA.

ARRASTRÁNDOSE DE UN LADO A OTRO, BUSCA UN LUGAR DONDE CONSTRUIR SU HOGAR.

PRIMERO PREPARA EL TERRENO. UNOS MORDISCOS EN LA BASE DE LA HOJA LE ASEGURAN UNA POSICIÓN PERFECTA.

SE PONE MANOS A LA OBRA Y HACE MAGIA TEJIENDO. PEGA SU FINO HILO DE SEDA A UNA PUNTA MORDISQUEADA DE LA HOJA Y LUEGO, COMO SI FUERA UNA AGUJA, LA COSE DE UN EXTREMO A OTRO.

> LAS ORUGAS SON BÁSICAMENTE NOCTURNAS. ESTO SIGNIFICA QUE SALEN PRINCIPALMENTE POR LA NOCHE PARA ALIMENTARSE DE LAS HOJAS DE LAS PLANTAS QUE ENCUENTRAN EN LA ZONA O DE OTRAS COSAS, COMO ORTIGAS, MUSGOS Y LÍQUENES.

LENTAMENTE, TIRANDO DE AMBOS LADOS DE LA HOJA HACIA DENTRO, COSE DE UN LADO A OTRO MIENTRAS BRILLAN LAS HEBRAS PLATEADAS.

A MEDIDA QUE COSE LA HOJA, ESTA SE ENROSCA Y SE TENSA. DURANTE LOS DÍAS SIGUIENTES, SALDRÁ DE ELLA A BOCADOS ANTES DE HACER UNA MÁS GRANDE.

CUATRO SEMANAS DESPUÉS, YA HA CRECIDO. AHORA HARÁ SU TIENDA DEFINITIVA

> ALGUNAS ORUGAS PUEDEN CONSUMIR HASTA 27 000 VECES SU PESO CORPORAL DURANTE SU ETAPA LARVAL.

... Y COMENZARÁ A PUPAR. ¡PRONTO SALDRÁ UNA BONITA MARIPOSA!

UN JILGUERO EXTRAE PEQUEÑAS SEMILLAS DE LAS CARDENCHAS

A medida que el otoño da paso al invierno, las cabezuelas con semillas se secan..., pero el ingenioso jilguero siempre encontrará alimento.

Este pájaro se afana durante las horas de luz, surcando los cielos con un movimiento ondulante, bajando y elevándose en busca de comida y materiales para construir su nido.

Las cardenchas altas con cabezuelas cónicas son la fuente de alimento favorita del jilguero, así como los numerosos insectos que disfrutan alimentándose de las hojas y el néctar de estas plantas. Veamos a un jilguero sirviéndose de su pico puntiagudo para arrancar semillas de una cardencha seca.

EN EL BORDE DEL CAMPO VEMOS LAS SILUETAS PINCHUDAS DE LA CARDENCHA, QUE SE ELEVAN POR ENCIMA DEL SENECIO COMÚN Y OTRAS HIERBAS. INCLUSO A LO LEJOS VEMOS EL EXCITADO REVOLOTEO DE LOS PÁJAROS ENTRE ESTAS PLANTAS.

SE ESTÁN DANDO UN FESTÍN Y BUSCANDO COMIDA EN ESTE CÁLIDO DÍA OTOÑAL.

AL ACERCARNOS, VEMOS MÁS CLARAMENTE UNA MANCHA AMARILLA CON UNA PIZCA DE ROJO... ¡EL JILGUERO YA ESTÁ AQUÍ!

LA CARDENCHA APENAS SE MUEVE CUANDO EL JILGUERO SE POSA SOBRE UNA ÚNICA CABEZUELA CÓNICA, USANDO SUS PATAS LIGERAS Y SU EXCELENTE EQUILIBRIO PARA EXTRAER LAS DIMINUTAS SEMILLAS.

EL JILGUERO EMPUJA Y TIRA CON EL PICO, FUERTE Y AFILADO, HACIA DELANTE Y HACIA ATRÁS, PARA SACAR EL MULLIDO RELLENO ENTRE LAS SEMILLAS, QUE TAMBIÉN EXTRAE Y ALMACENA PARA LLEVÁRSELAS AL NIDO.

ALGUNAS PLÁNTULAS SE ESCAPAN FLOTANDO POR EL AIRE MIENTRAS EL JILGUERO SE SACIA.

Y MIENTRAS OTROS LLEGAN A LAS PLANTAS CIRCUNDANTES, NUESTRO AMIGO EL JILGUERO DESPEGA PARA SEGUIR CON SU AJETREADO DÍA.

UN GRUPO DE PÁJAROS SE LLAMA «BANDADA». VIENE DE LA PALABRA «BANDA», Y EN ESTE CASO ES DE LO MÁS APROPIADO, YA QUE ESTE PÁJARO EMITE UN GORJEO MUSICAL PRECIOSO.

EL JILGUERO AMERICANO ES UN PÁJARO COMÚN DE JARDÍN. TIENE UNAS CARACTERÍSTICAS MUY MARCADAS: EL MACHO TIENE EL PLUMAJE AMARILLO INTENSO Y EL PICO NEGRO.

DOS PEQUEÑOS COPOS DE NIEVE SE CONVIERTEN EN UNO SOLO

Quizá ya hayas visto un copo de nieve de seis caras, pero hay una infinidad de tipos diferentes.

De hecho, hay tantos que los copos de nieve se agrupan en categorías —las cuatro principales son placas, columnas, agujas y dendritas— para poder estudiar su formación única y natural.

Un copo de nieve comienza a formarse cuando las gotas de agua fría de las nubes se congelan sobre una partícula de polvo o un grano de polen. A medida que este diminuto cristal de hielo cae del cielo, más gotas se congelan sobre el cristal y este comienza a crecer. El viento y otras condiciones ambientales determinan la forma que tendrá el copo de nieve antes de tocar el suelo. A veces, dos copos de nieve chocan para formar algo muy especial: ¡un copo de doce caras! Si sales a echar un vistazo, ¡que no se te olvide abrigarte!

UN BÚHO ULULA A LO LEJOS MIENTRAS NOS ENVUELVE EL CIELO NOCTURNO. SE HACE EL SILENCIO. SI MIRAMOS HACIA ARRIBA, SOLO VEMOS UN PUÑADO DE ESTRELLAS; LAS DEMÁS ESTÁN CUBIERTAS POR NUBES QUE SE ARREMOLINAN, CON LA LUNA BRILLANDO DETRÁS.

LOS COPOS DE NIEVE SON TRASLÚCIDOS, AUNQUE PARECEN BLANCOS CUANDO CAEN AL SUELO.

UNAS PEQUEÑAS MOTAS CAEN DEL CIELO. EL MUNDO PARECE MÁS FRÍO CUANDO EMPIEZAN A CAER. ¡SON COPOS DE NIEVE!

MILES DE PEQUEÑOS COPOS DE NIEVE CAEN DEL CIELO... PERO VAMOS A CENTRARNOS EN UNO SOLO. EL COPO DE NIEVE ES MARAVILLOSO EN SU FORMA SIMÉTRICA, CON SUS SEIS RAYOS RESPLANDECIENTES QUE CRECEN A PARTIR DE UNA RUEDA QUE GIRA EN SILENCIO.

AHORA VEMOS OTRO. ESTE COPO DE NIEVE AUMENTA EN TAMAÑO Y VELOCIDAD Y SE ACERCA AL OTRO HASTA QUE AMBOS GIRAN AL UNÍSONO EN DIRECCIÓN AL SUELO.

TODOS LOS COPOS DE NIEVE COMIENZAN SIENDO UN HEXÁGONO.

DE PRONTO, ¡UN CHOQUE CÓSMICO! AMBOS COPOS SE UNEN. DOCE RAMAS PERFECTAS Y RESPLANDECIENTES CAEN AHORA COMO UN SOLO COPO.

¡SI TODO PARECE ESTAR EN SILENCIO DESPUÉS DE UNA NEVADA ES PORQUE LA NIEVE ABSORBE LAS ONDAS SONORAS!

UNA ESTRELLA DE TIERRA FLORECE

En un paseo otoñal por el bosque puedes tener la suerte de encontrarte un hongo mágico con forma de estrella que pertenece a la familia de las estrellas de tierra.

Estos hongos están emparentados con el bejín, mucho más común, pero son únicos porque se abren... ¡en forma de estrella!

En un día seco, los segmentos acabados en punta se pliegan alrededor de la delicada bola, o saco de esporas, para protegerlo de las inclemencias del tiempo y de los depredadores del bosque. Cuando hay humedad en el aire, o mientras llueve, la «estrella» se abre y libera las esporas en la brisa. Veamos cómo se abre una estrella de tierra durante un chaparrón...

¡PLIC! ¡PLOC! LA LLUVIA CAE SUAVEMENTE DESDE LA FRONDOSA CUBIERTA DE HOJAS DEL BOSQUE. SE AVECINA UNA TORMENTA...

ENTRE LAS HOJAS CAÍDAS Y LA MADERA SECA, UN GRAN ADORNO MARRÓN DECORA EL SUELO. ES UN HONGO, LA ESTRELLA DE TIERRA.

ESTÁ HACIENDO MAGIA DENTRO DEL MICELIO, UNA RED A MODO DE RAÍCES PARA ALIMENTARSE BAJO LA TIERRA, PERO TAMBIÉN LA VEMOS COBRAR VIDA SOBRE EL SUELO.

EL CAPUCHÓN MARRÓN OSCURO DE LA ESTRELLA DE TIERRA EMPIEZA A AGRIETARSE Y ABRIRSE, Y MUESTRA UN CENTRO ESPONJOSO DE COLOR CREMA.

LA PIEL SE DESPLIEGA LENTAMENTE Y FORMA SIETE RAYOS ACABADOS EN PUNTA QUE SE ABREN A SU ALREDEDOR.

COMO CUALQUIER HONGO, LO QUE VEMOS DE UNA ESTRELLA DE TIERRA ES SOLO UNA PARTE DE LA PLANTA: EL CUERPO FRUCTÍFERO. LA PARTE DEL HONGO QUE QUEDA BAJO TIERRA ES EL MICELIO, UNA COMPLEJA RED DE FILAMENTOS FÚNGICOS, A TRAVÉS DE LA CUAL EL HONGO SE ALIMENTA Y SE COMUNICA CON EL RESTO DEL BOSQUE.

ABIERTA DEL TODO, LA BASE EN FORMA DE ESTRELLA SE ENROSCA BAJO EL SACO DE ESPORAS Y SE MUESTRA ORGULLOSA. ¡YA VEMOS DE DÓNDE LE VIENE EL NOMBRE!

EN PLENA FLORACIÓN, LA ESTRELLA DE TIERRA PUEDE LIBERAR LAS ESPORAS CUANDO LAS GOTAS DE LLUVIA REBOTAN EN SU SACO DE ESPORAS.

MIENTRAS SIGUE LLOVIENDO SOBRE EL BOSQUE, SUS ESPORAS SE ALEJAN, LLEVADAS POR LA BRISA.

UN SALTAMONTES... ¡SALTA!

Uno de los mejores saltadores de la naturaleza es el patilargo saltamontes. Puede saltar a una altura de más de diez veces la longitud de su cuerpo.

Saltar es la forma rápida que tienen los saltamontes de escapar de los depredadores.

Cuando se preparan para saltar, pliegan las largas patas traseras bajo su cuerpo y ponen en funcionamiento sus grandes músculos flexores y las rodillas a modo de muelles. Tras un segundo de pausa, se catapultan por el aire antes de aterrizar con firmeza, lejos del peligro. En la espesa vegetación, a un saltamontes lo acecha una araña. ¡Veámoslo en acción mientras escapa!

HACE UN DÍA CÁLIDO Y EN ESTE PRADO LLENO DE HIERBA EXUBERANTE SOLO SE OYE UN SONIDO INCONFUNDIBLE. ¡CLIC! ¡CLIC! ¡ES NUESTRO AMIGO EL SALTAMONTES!

LOS SALTAMONTES YA EXISTÍAN ANTES DE LOS DINOSAURIOS, ¡HACE MÁS DE 300 MILLONES DE AÑOS!

UNOS PASOS POR DETRÁS DE ÉL, LA ARAÑA LO VIGILA Y SE ACERCA SIGILOSAMENTE A SU PRESA.

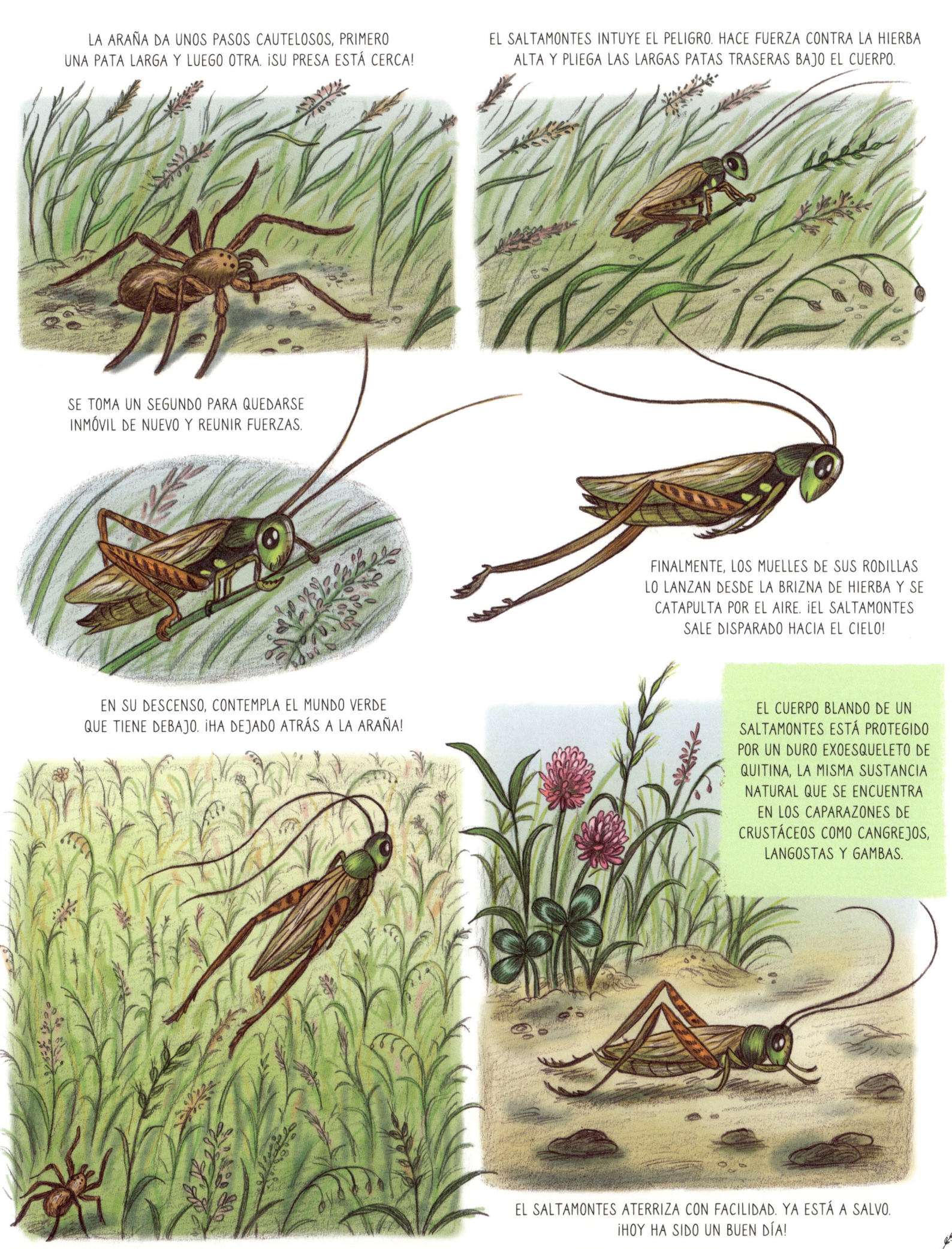

EL LIQUEN
SE TRANSFORMA CON EL AGUA

Los líquenes se han adaptado para sobrevivir en algunos de los lugares con condiciones más extremas de la Tierra, desde las costas rocosas hasta los desiertos secos... ¡y hasta en tu jardín!

Estos complejos organismos tienen formas y tamaños de todo tipo —de esponjosos a costrosos, de peludos a planos—, y crecen mejor en superficies tranquilas, como tocones de árboles, rocas y paredes.

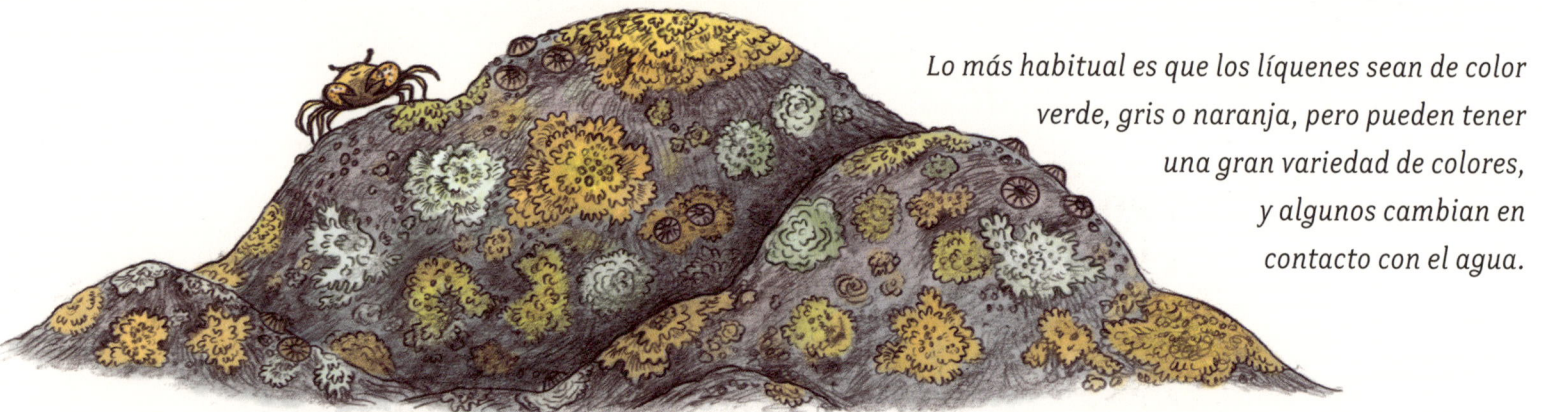

Lo más habitual es que los líquenes sean de color verde, gris o naranja, pero pueden tener una gran variedad de colores, y algunos cambian en contacto con el agua.

El agua tiene una gran influencia en los líquenes, ¡y hasta puede afectar su comportamiento! Lejos del agua, se secan y se vuelven inactivos (latentes), pero, cuando se humedecen, ¡cobran vida! Veamos qué le pasa al liquen en esta bonita piscina de roca cuando sube la marea...

MIENTRAS UNA GAVIOTA CHILLA EN EL CIELO AL SALIR HACIA EL MAR, SE FORMAN PEQUEÑAS PISCINAS EN LA COSTA ROCOSA.

UNAS MANCHAS VERDES Y PARDUZCAS SALPICAN ESTE MARCO ROCOSO. ES EL LIQUEN, CONTENTO DE VIVIR AQUÍ.

EL LIQUEN HA CUBIERTO UNA ROCA EN CONCRETO Y HA CREADO UN CAMUFLAJE DE PEQUEÑOS VOLANTES FLORALES.

ESTAS TEXTURAS HACEN QUE EL LIQUEN PAREZCA DELICADO... Y DEMASIADO FRÁGIL PARA SOPORTAR LAS CONDICIONES IMPREVISIBLES DE UNA COSTA SALVAJE.

¡LOS ANTIGUOS EGIPCIOS USABAN EL LIQUEN PARA RELLENAR LAS CAVIDADES CORPORALES DE LAS MOMIAS!

LAS OLAS SE ALEJAN DE LA COSTA RÁPIDAMENTE Y LA PISCINA DE ROCA SE VACÍA POR COMPLETO.

PERO EN UN ABRIR Y CERRAR DE OJOS, EL AGUA SALADA VUELVE A ENTRAR —¡WUUUSH!— Y SUMERGE AL LIQUEN.

PERO CUANDO EL AGUA SE NIVELA LENTAMENTE, VEMOS QUE EL LIQUEN EMERGE DE NUEVO. NO LO HA ARRASTRADO EL AGUA, SINO QUE AHORA ESTÁ HIDRATADO Y SUS GRANDES FLORES ABIERTAS APORTAN UN ALEGRE COLORIDO A LA SOLEADA ORILLA.

HAY AL MENOS 18 000 ESPECIES DIFERENTES DE LIQUEN, Y PROBABLEMENTE MUCHAS MUCHAS MÁS.

¡UNA COCHINILLA SE ENROLLA!

Aunque las cochinillas se comporten como insectos y vivan en lugares húmedos y oscuros, bajo los troncos o las rocas, en realidad son crustáceos.

A diferencia de la mayoría de los crustáceos, que viven en el agua, las cochinillas viven en la tierra. Sus cuerpos están protegidos por un caparazón duro llamado exoesqueleto, y usan sus antenas para buscar moho y plantas en descomposición para alimentarse.

Las cochinillas son conocidas como bichos bola porque se enrollan en una bola muy pequeña para protegerse de los depredadores. Veamos este mecanismo de defensa en acción cuando a una cochinilla la molesta una araña.

EL BOSQUE HUELE A TIERRA Y MADERA DESPUÉS DE LA LLUVIA. ALGO PEQUEÑO Y PLATEADO CORRETEA POR LA CORTEZA MOTEADA ANTES DE DESAPARECER EN UNA GRIETA OSCURA. ¡ES UNA COCHINILLA!

LAS COCHINILLAS RESPIRAN A TRAVÉS DE «PULMONES» EN SUS PATAS TRASERAS. ALGUNAS ESPECIES TIENEN DOS PULMONES, MIENTRAS QUE OTRAS PUEDEN TENER HASTA SIETE PARES.

SALE POR EL OTRO LADO DEL TÚNEL. SE AGACHA Y SE ZAMBULLE ENTRE LAS SOMBRAS PARA ALIMENTARSE DE LA MADERA BLANDA Y PODRIDA.

LA COCHINILLA UTILIZA LAS ANTENAS PARA ORIENTARSE, MOVIÉNDOLAS DE IZQUIERDA A DERECHA POR TODAS PARTES.

MIENTRAS BUSCA Y SE DESPLAZA POR LA SUPERFICIE MUSGOSA, BLANDA Y VERDE, INTUYE EL PELIGRO. ¡HA APARECIDO UNA ARAÑA!

LA COCHINILLA SE DESPRENDE DE SU CAPARAZÓN CADA MES, APROXIMADAMENTE, A MEDIDA QUE VA CRECIENDO.

LAS COCHINILLAS PUEDEN DESHIDRATARSE (SECARSE) MUY RÁPIDO. POR ESO PREFIEREN LOS LUGARES HÚMEDOS Y OSCUROS, SIN DEMASIADA LUZ SOLAR DIRECTA.

LAS PATAS LARGUIRUCHAS DE LA ARAÑA NO HACEN RUIDO, PERO LAS VIBRACIONES ALERTAN A LA COCHINILLA, QUE SE PARA EN SECO.

CUANDO LA ARAÑA DA OTRO PASO HACIA DELANTE, LA COCHINILLA SE ENROSCA EN UNA BOLA.

LOS SEGMENTOS DE SU EXOESQUELETO LA ENVUELVEN COMO UNA ARMADURA PARA MANTENERLA A SALVO.

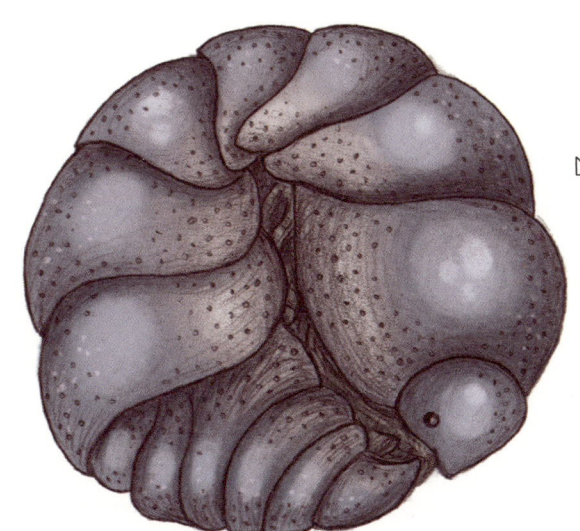

MIENTRAS LA ARAÑA SE ESCABULLE, LA COCHINILLA ESPERA A QUE VUELVA LA CALMA ESCONDIDA EN SU BRILLANTE BOLA GRIS, ANTES DE ABRIRSE POR FIN, DESPACIO Y CON CUIDADO.

UNA RANA ATRAPA A UNA MOSCA

Con su piel verdosa y resbaladiza y su característico canto, la rana común se refugia de los depredadores y del frío en acogedores montones de abono, pilas de troncos... ¡y bajo tierra!

¡CROA!

La primavera trae consigo la promesa de días más luminosos para pasarlos en los numerosos estanques y charcas, donde comienza la época de cría.

El resto del año es para buscar comida, explorar los bosques y setos, para alimentarse de bichos, babosas y caracoles. Las ranas son expertas en atrapar incluso a las presas más difíciles, gracias a sus lenguas largas y elásticas y a su pegajosa saliva. Mira atentamente a nuestra amiga la rana mientras vigila a una mosca... esperando pacientemente para poner en práctica su rápida habilidad y sus incomparables herramientas.

SE OYE UN SUAVE ZUMBIDO ALREDEDOR DE LAS FLORES SILVESTRES QUE CRECEN EN LOS LADOS SIN SEGAR DE ESTE JARDÍN. ENTRE LAS BRIZNAS DE HIERBA, CASI DISFRAZADA... ¡ESTÁ LA RANA!

SE LLAMA «MIGRACIÓN» AL DESPLAZAMIENTO DE UN GRUPO DE RANAS HACIA SU LUGAR DE APAREAMIENTO.

EL ZUMBIDO SE ACERCA UN POCO MÁS. ¡ES UNA MOSCA!

LA RANA SE QUEDA INMÓVIL, COMO UNA ESTATUA, PERO SUS OJOS VAN DE UN LADO A OTRO MIENTRAS OBSERVA A LA MOSCA.

LA MOSCA SE DETIENE JUNTO A UNA ROCA. LA RANA SE PREPARA. ABRE LA BOCA Y LA LENGUA SALE DISPARADA POR ENCIMA DE LAS ROCAS HACIA LA MOSCA.

¡ZAS!

LA SALIVA PEGAJOSA DE LA RANA ES UN FLUIDO NO NEWTONIANO, LO CUAL SIGNIFICA QUE PUEDE SER TANTO SÓLIDO COMO LÍQUIDO.

EN EL MOMENTO EN QUE LA LENGUA DE LA RANA ALCANZA A LA MOSCA, SU ESPESA SALIVA SE VUELVE LÍQUIDA. SE EXTIENDE SOBRE TODO EL CUERPO DE LA MOSCA, LA ATRAPA... Y SE VUELVE MÁS ESPESA Y PEGAJOSA.

CON LA MOSCA ATRAPADA, LA RANA RETRAE LA LENGUA, Y CON ELLA SU CENA, Y CIERRA LA BOCA.

LA RANA PARPADEA UNA VEZ Y TRAGA.

¡CROA!

UNA MARIQUITA SALE DE SU PUPA

Es posible que hayas visto una mariquita aterrizando en un jardín o, en los meses más fríos, escondida en tu casa.

Probablemente hayas visto mariquitas con la espalda roja y lunares negros, pero se trata de una especie diversa: pueden tener multitud de dibujos y colores, desde el naranja y el amarillo hasta el gris e incluso el azul.

De hecho, las mariquitas pasan por varias etapas después de nacer, antes de transformarse en los adultos que tan bien conocemos. Hay más de 5000 tipos diferentes de mariquitas en el mundo, y todas comienzan siendo un huevo diminuto. De estos huevos nacen larvas hambrientas, negras y con motas de colores en sus cuerpos alargados, listas para alimentarse hasta cuatro semanas de pequeños insectos. Una vez llenas, las larvas mudan la piel y se convierten en pupas, donde adquieren su forma adulta tan característica. Veamos de cerca esta pupa en una hoja, donde una mariquita está lista para eclosionar.

EL CÁLIDO SOL DE AGOSTO CAE SOBRE UNAS ORTIGAS SILVESTRES EN FLOR, Y VEMOS UNA DIMINUTA PUPA DE COLOR NARANJA Y NEGRO, PARECIDA A UNA VAINA, PEGADA A UNA HOJA DENTADA.

ESTE COLORIDO ENVOLTORIO, UNIDO A LA HOJA POR SU PARTE DE ATRÁS, HA MANTENIDO A SALVO A LA MARIQUITA QUE SE ESTÁ FORMANDO DURANTE LA ÚLTIMA SEMANA.

AL ACERCARNOS, VEMOS QUE LA HOJA SE ENROSCA HACIA ARRIBA, BUSCANDO LA LUZ.

LA PUPA PALPITA SUAVEMENTE Y SU ENVOLTURA COMIENZA A ABRIRSE.

LAS MARIQUITAS ADULTAS HIBERNAN (DUERMEN) DESDE OCTUBRE HASTA FEBRERO.

SALE LENTAMENTE Y SE DESPOJA DE SU VAINA. HA NACIDO UN INSECTO DORADO.

LOS TENUES PUNTOS QUE VEMOS EN SUS ALAS DELANTERAS PRONTO SE OSCURECERÁN, Y SU DESLUMBRANTE CAPA ROJA DE ADULTA SERÁ VISIBLE EN LOS PRÓXIMOS DÍAS.

EL NÚMERO DE PUNTOS EN LA ESPALDA DE UNA MARIQUITA INDICA SU ESPECIE, NO SU EDAD, ALGO QUE ES UN MITO COMÚN.

POR AHORA, LA MARIQUITA SE ALEJA EN BUSCA DE ALIMENTO.

LAS MARIQUITAS ADULTAS VIVEN ENTRE UNO Y TRES AÑOS.

UNA HORMIGA PODADORA CORTA Y LLEVA UNA PESADA CARGA

La diminuta pero fuerte hormiga podadora puede cargar hasta cincuenta veces su propio peso corporal, lo que la convierte en uno de los animales más fuertes del planeta.

Las hormigas podadoras son las agricultoras de la naturaleza. Cortan trozos de hojas tiernas con sus fuertes mandíbulas y las llevan al nido de la colonia. ¡Pero no se las comen! Las usan para fertilizar un huerto de hongos, que dará de comer a sus crías (larvas).

¡Las hormigas podadoras organizan a su atareada mano de obra en función del tamaño de sus cabezas! Las hormigas con la cabeza más grande cortan y transportan, mientras que las hormigas con la cabeza más pequeña se encargan de patrullar y cultivar el huerto. Todas ellas tienen a su cargo funciones esenciales dentro de este complejo sistema de búsqueda de alimento. Veamos cómo trabajan las atareadas podadoras en las profundidades de la brumosa selva centroamericana...

UNA LARGA FILA DE PEQUEÑAS HORMIGAS AGRICULTORAS MARCHA POR EL SUELO DE LA SELVA HACIA EL TRONCO DE UN ÁRBOL MUY ALTO.

¡SON HORMIGAS PODADORAS! VAN DE UN LADO A OTRO, SUBEN Y BAJAN DEL ÁRBOL Y TRANSPORTAN LO QUE PARECEN SER GRANDES TROZOS DE HOJAS SOBRE LA CABEZA.

¡LAS HORMIGAS PODADORAS VIVEN EN ENORMES COLONIAS DE HASTA DIEZ MILLONES DE HORMIGAS!

UN ESCARABAJO POLINIZA UNA FLOR DE MAGNOLIA

La flor de la magnolia y el escarabajo de la savia comparten una relación especial.

Las flores de magnolia son uno de los tipos de planta con flor más antiguos de la Tierra. Originalmente las polinizaban los escarabajos o las moscas, mucho antes de que apareciesen las mariposas, las polillas y las abejas.

El escarabajo de la savia, de caparazón marrón, es el polinizador de la magnolia más antiguo que se conoce. Durante siglos, este escarabajo ha transportado el polen de la parte masculina de la flor a la parte femenina de otra flor, y esto le ha permitido crecer y multiplicarse. Las flores de magnolia se han adaptado a la presencia del escarabajo y les han crecido pétalos resistentes y semillas bien protegidas para acoger a este torpe polinizador, que puede entusiasmarse más de la cuenta al comer de la planta.

UN MAGNOLIO REPLETO, CON SUS FLORES DE COLOR ROSA INTENSO Y BLANCO Y SUS BRILLANTES HOJAS VERDES, CREA UN COLORIDO REFUGIO PARA CUALQUIERA QUE PASE POR DEBAJO.

UNA RAMA BAJA COLGANTE NOS DA LA OPORTUNIDAD DE ASOMARNOS AL INTERIOR DE UNA FLOR, DONDE HOY HAY MUCHA ACTIVIDAD.

EL ESCARABAJO DE LA SAVIA Y SUS AMIGOS SE PONEN MANOS A LA OBRA. TIENEN UN TRABAJO IMPORTANTE QUE HACER, Y SE DIRIGEN AL ESTAMBRE, EN EL CENTRO DE LA FLOR DE MAGNOLIA.

¡ESTÁ REBOSANTE DE ABUNDANTE POLEN!

LA POLINIZACIÓN SE PRODUCE CUANDO LOS GRANOS DE POLEN DE LA PARTE MASCULINA DE UNA FLOR (ANTERA) PASAN A LA PARTE FEMENINA (ESTIGMA) DE OTRA FLOR.

EL ESCARABAJO DE LA SAVIA MASTICA Y SE DA UN FESTÍN CON SUS FUERTES MANDÍBULAS.

EL CUERPO DEL ESCARABAJO NO ESTÁ DISEÑADO PARA RECOGER EL NÉCTAR Y EL POLEN, YA QUE SUS PARTES BUCALES ESTÁN HECHAS PARA MASTICAR, ¡POR ESO NO PUEDE EVITAR PICAR UN POCO SOBRE LA MARCHA!

HAMBRIENTO, MIENTRAS DA VUELTAS ALREDEDOR DEL ESTAMBRE, EL POLEN SE PEGA A SU CAPARAZÓN.

AHORA, MUCHO MÁS CUBIERTO DE POLVO QUE CUANDO EMPEZÓ, EL ESCARABAJO DE LA SAVIA SE ALEJA DE LA FLOR DE LA MAGNOLIA...

... Y SE LLEVA EL POLEN A OTRA FLOR, COMPLETANDO ASÍ EL PROCESO DE POLINIZACIÓN.

DESCUBRE LA ATENCIÓN PLENA

Puedes desacelerar y prestar atención al momento presente en cualquier instante del día y dondequiera que estés. Cuando te permites hacer una pausa, se abre el abanico de posibilidades de ver pequeñas maravillas en el mundo que te rodea:

Un diente de león que se abre paso a través de una grieta en el suelo.
El baile de una pluma en el viento. Los tonos sorprendentes del cielo al atardecer.

Vamos a hacer una pausa juntos.

Busca un lugar seguro en el exterior...

¿NOTAS EL SUELO BAJO LOS PIES?
¿CÓMO ES? ¿TIERRA O HIERBA?
¿PIEDRAS O CEMENTO?

MUEVE LOS DEDOS DE LAS MANOS Y DE LOS PIES.
NOTA EL AIRE EN LA PUNTA DE LA NARIZ.

Estés donde estés, tómate un momento para detenerte... Tienes que respirar hondo y relajar los hombros.

AHORA INHALA:
UNO, DOS, TRES, CUATRO.

AHORA EXHALA Y CUENTA HASTA SEIS.
LUEGO INTÉNTALO DE NUEVO.

EL MUNDO EMPEZARÁ A IR MÁS LENTO Y TÚ ESTARÁS MÁS TRANQUILO CON CADA RESPIRACIÓN.
TUS PENSAMIENTOS PARECEN LUMINOSOS Y DESPEJADOS. TUS SENTIDOS ENCUENTRAN UNA NUEVA PROFUNDIDAD.

ÍNDICE TERMINOLÓGICO

A
ABEJA — 16-17, 40
ACEITE DE ACICALAMIENTO — 8, 9
AGUA — 2, 8, 9, 12, 24, 30-31, 32, 34
ANTENA — 20, 32, 33
ARAÑA — 28-29, 32-33
ÁRBOL — 1, 5, 30, 38-39, 40
ATARDECER — 4, 10, 42

B
BÁRBULA — 8
BEJÍN — 26
BIGNONIA ROJA — 18
BIOLUMINISCENCIA — 4
BOSQUE — 4, 5, 26, 27

C
CABEZUELA — 14, 15, 22, 23
CANGREJO ERMITAÑO — 12-13
CARACOL — 6-7, 8, 34
CARDENCHA — 22-23
CIELO — 4, 10, 11, 24, 25, 29, 42
COCHINILLA — 32-33
COLIBRÍ — 1, 18-19
COPO DE NIEVE — 24-25
CREMÁSTER — 20
CRISÁLIDA — 20
CRISTAL DE HIELO — 24
CRUSTÁCEO — 29, 32
CUERVO — 7

D
DEPREDADOR — 4, 5, 6, 20, 26, 28, 32, 34
DIENTE DE LEÓN — 14-15, 41, 42

E
ESCARABAJO — 4, 10, 40-41
ESTAMBRE — 41
ESTRELLA — 10, 24
ESTRELLA DE TIERRA — 1, 26-27
EXOESQUELETO — 12, 32, 33

F
FLOR — 10-11, 14-15, 16, 18-19, 22, 34, 40-41

G
GALÁN DE NOCHE — 10
GIRASOL — 15, 41
GLICINIA — 10

H
HIERBA — 2-3, 4-5, 6, 9, 21, 22, 28-29, 34, 42
HOJA — 6, 7, 10, 20-21, 22, 26, 36-37, 38-39, 40
HONGO — 26, 27, 38, 39
HORMIGA — 1, 38-39
HORMIGA PODADORA — 38-39

I
INSECTO — 8, 14, 16, 18, 22, 32, 36, 41
INVIERNO — 2, 22

J
JAZMÍN — 10-11
JILGUERO — 22-23

L

LARVA	5, 21, 36, 38
LIQUEN	21, 30-31
LLUVIA	1, 6, 9, 26, 27, 32
LUCIÉRNAGA	4-5
LUNA	10, 24

M

MAGNOLIA	40-41
MANDÍBULA	41
MARIPOSA	20, 21, 40
MARIQUITA	36-37
METAMORFOSIS	20
MICELIO	26, 27
MIEL	16-17
MOLUSCO	6, 13
MOSCA	34-35
MUSGO	21, 33

N

NÉCTAR	1, 11, 14, 16, 18, 19, 22, 41
NIDO	2-3, 22, 23, 38-39
NOCHE	4-5, 10-11, 21, 24
NUBE	9, 24

O

ONAGRA	10
ORTIGA	20, 21, 36
ORUGA	20-21
OTOÑO	22

P

PÁJARO	8, 10, 18-19, 22-23
PATO	8-9
PLANTA	2, 3, 10, 11, 14, 16, 21, 22, 27, 32, 40
PLAYA	12, 13, 30, 31
PLUMA	8-9, 42
POLEN	14, 16, 24, 40, 41
POLILLA	10, 11, 40
POLINIZADOR	10, 11, 14, 40-41
PRADO	14, 16
PRIMAVERA	34
PROBÓSCIDE	16
PUPA	20, 36-37

Q

QUITINA	29

R

RÁDULA	7
RANA	34-35
RASTRO DE FEROMONAS	39
RATÓN	2-3, 14-15
RATÓN ESPIGUERO	2-3

S

SALTAMONTES	28-29
SELVA	38
SENECIO	22
SOL	6, 10, 11, 17, 18, 19, 33, 36

U

ULTRAVIOLETA	19

V

VERANO	2, 6, 10
VIENTO	15, 24, 41, 42
VILANO	15

BIOGRAFÍAS

Laura Brand *es escritora e ilustradora. Vive en la campiña inglesa con su familia, dos perros, diez gatos y algunas gallinas. Con unas botas embarradas, la mesa llena de proyectos a medio hacer y rodeada de objetos de decoración DIY se siente como en casa. El caos y la calma, en su justa medida. Aspira a hacer accesibles la artesanía y la conexión con la naturaleza porque está convencida del impacto positivo que tienen en la salud mental y el bienestar. Por eso mismo, además de impartir cursos y dar charlas, escribe y comparte sus experimentos y alocadas ideas en su plataforma* The Joy Journal.

Freya Hartas *es ilustradora en Bristol, Reino Unido, donde vive con su pareja y su anciano gato negro Katsu, y trabaja en un acogedor estudio compartido. En la serie* **Con calma**, *ha cambiado su universo de gnomos, hadas, ranas vestidas, monstruos y personajes mitológicos por las maravillas del mundo natural. Y es que, para Freya, mirar la lluvia por la ventana y ver crecer su pequeña selva de plantas, cactus y suculentas es igual de fantástico que compartir su abarrotado escritorio con un montón personajes surgidos de su imaginación.*

La idea de la serie **Con calma** *nació cuando, en un paseo matutino, la hija de Rachel Williams, la autora y editora del primer título, le pidió detenerse y mirar cómo una abeja polinizaba una flor. Entonces, Rachel empezó a hacerse preguntas: ¿sería capaz de explicarle a su hija, de forma sencilla, cómo se forma un arcoíris? ¿Y toda la ciencia que se esconde detrás de un rayo? ¿Podría mostrarle cómo sale una mariposa de una crisálida sin recurrir a la tecnología y las pantallas?*

Títulos de la serie:

Con calma, *de Rachel Williams y Freya Hartas.*
Cincuenta historias naturales.

Con calma (cartas), *de Emily Sharratt y Freya Hartas.*
Treinta actividades mindfulness *para toda la familia.*

Publicado por primera vez en el Reino Unido en 2022 por Magic Cat Publishing Ltd
con el título *Slow Down and be here now*
Texto © Laura Brand, 2022
Ilustraciones © Freya Hartas, 2022
Las ilustraciones se realizaron a lápiz y se colorearon digitalmente.
Dirección editorial de Rachel Williams y Jenny Broom
Edición de Rachel Williams y Lucy Beevor
Diseño de Nicola Price

De esta edición © Editorial Flamboyant, S. L., 2023
Gran Via de les Corts Catalanes, 669 bis, 4.º 2.ª, Barcelona (08013)
www.editorialflamboyant.com

Traducción del inglés © Diego de los Santos, 2023
Corrección de Raúl Alonso Alemany
Todos los derechos reservados.

Primera edición: febrero de 2023
Tercera reimpresión: octubre de 2025
ISBN: 978-84-19401-11-3
DL: B 16175-2022
Impreso en Índice, Artes Gráficas, Barcelona, España

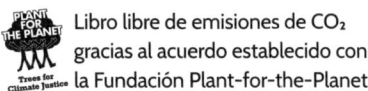 Libro libre de emisiones de CO₂ gracias al acuerdo establecido con la Fundación Plant-for-the-Planet.

*Para Mabel y Peggy,
gracias por sentir tanta curiosidad
por la naturaleza y por ayudarme a investigar
sobre sus maravillas cada día.*

Laura Brand

*Para el encantador bosquecillo
que hay al final de nuestra calle
y todos los vecinos salvajes que allí viven.*

Freya Hartas

A mis sobrinos, Sean y Finley. De todos los humanos que han vivido en nuestro planeta, creo que vosotros sois mis favoritos. Estoy deseando ver cómo conseguís que cambie a mejor.